DÉCRET

Du 24 Avril 1884

SUR LA COMPTABILITÉ DES CORPS DE TROUPE

EN CAMPAGNE

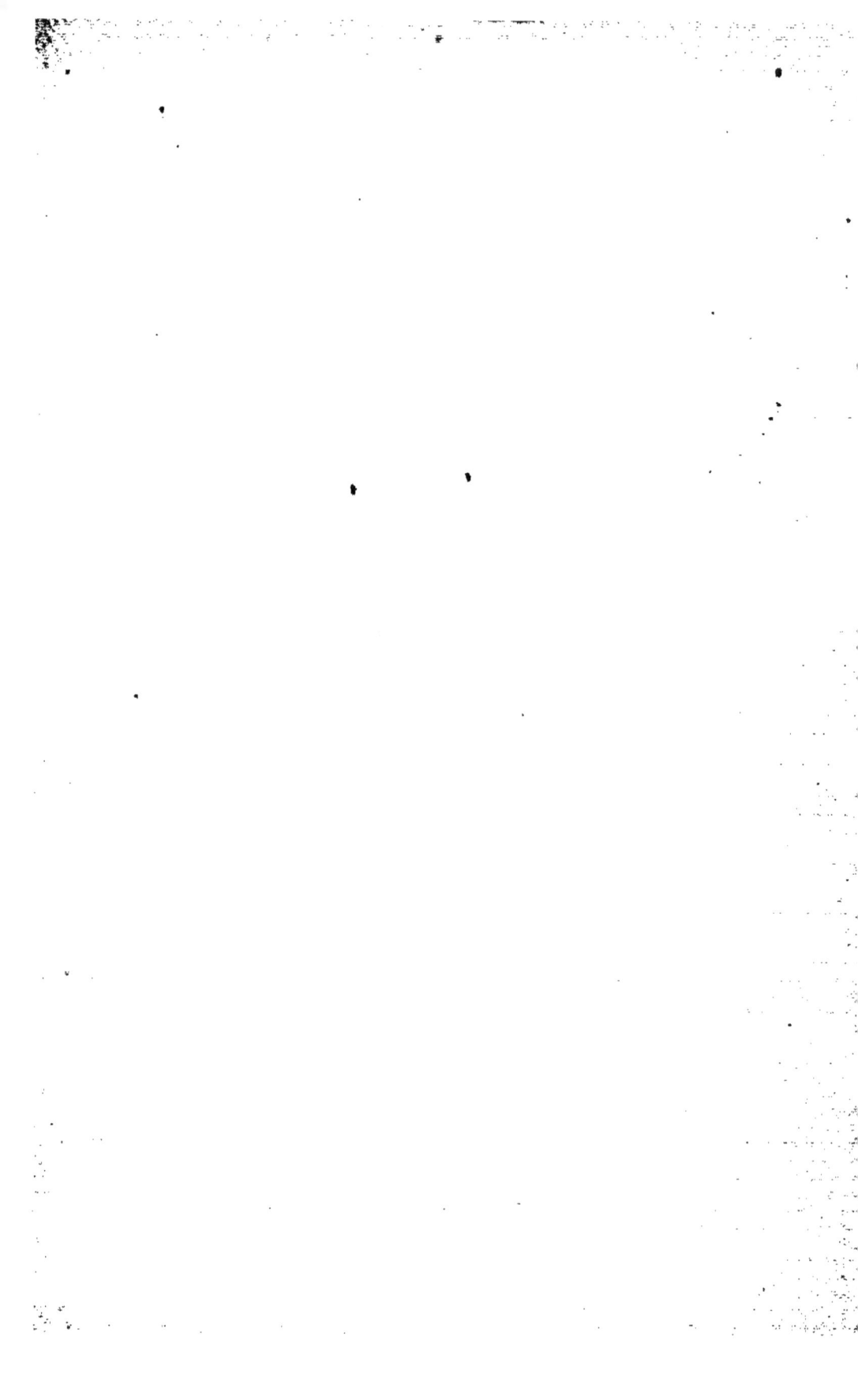

DÉCRET

DU 24 AVRIL 1884

SUR LA COMPTABILITÉ

DES CORPS DE TROUPE

EN CAMPAGNE

PARIS | LIMOGES

11, Place Saint-André-des-Arts | Nouvelle route d'Aix, 46

IMPRIMERIE ET LIBRAIRIE MILITAIRES

HENRI CHARLES-LAVAUZELLE

Éditeur.

1887

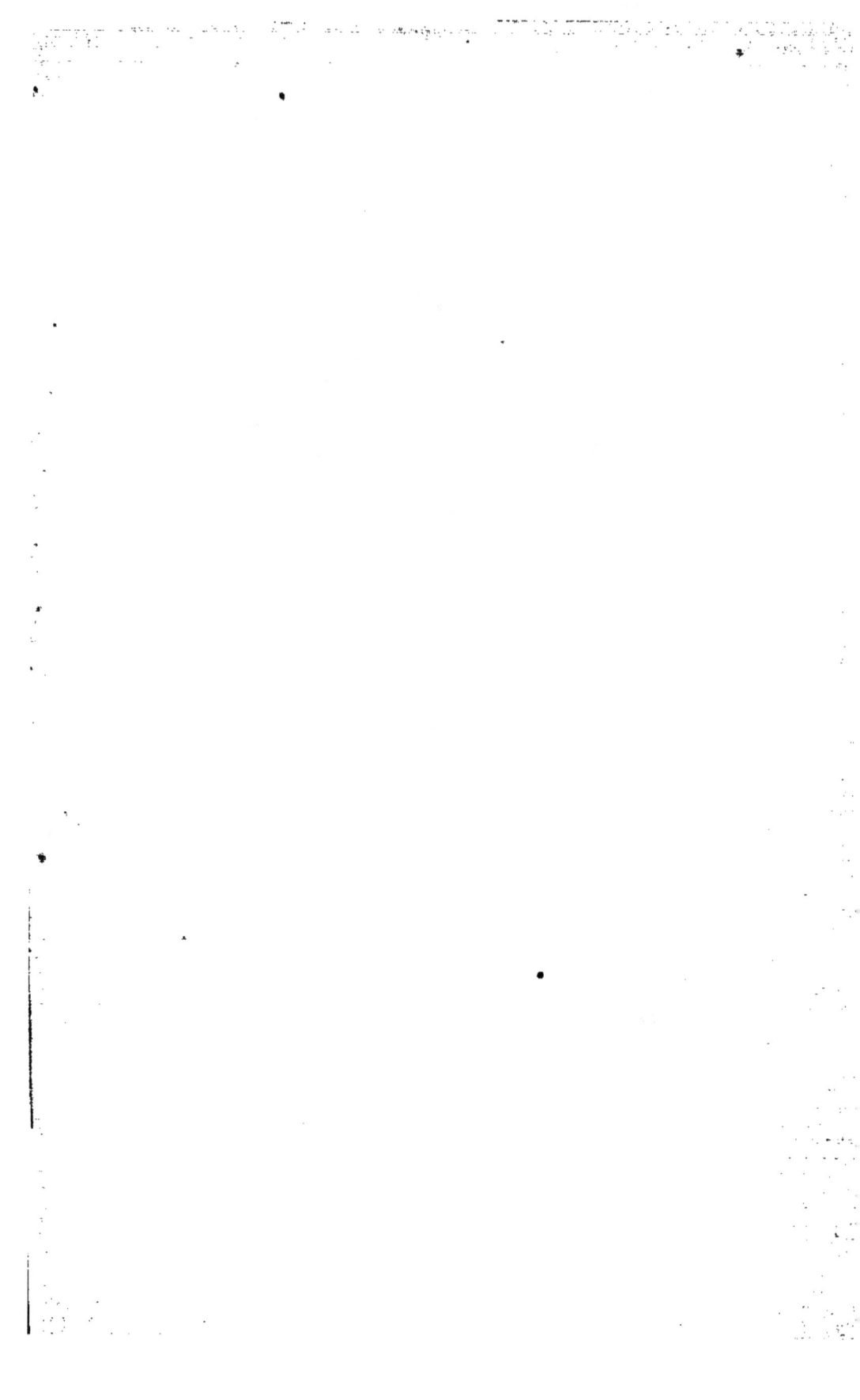

DÉCRET

LA COMPTABILITÉ DES CORPS DE TROUPE

EN CAMPAGNE

———■———

Rapport au Président de la République française, sur la comptabilité des corps de troupe en campagne.

———————

Paris, le 21 avril 1884.

Monsieur le Président,

Les modifications apportées par le décret du 7 août 1875 et par celui du 1er mars 1880, à la comptabilité des corps de troupe, ont eu pour but de n'avoir qu'un seul mode de comptabilité pour le temps de paix et pour le temps de guerre.

Toutefois, il ne me paraît pas possible d'exiger des corps en campagne les mêmes écritures que celles que l'on peut demander à l'intérieur aux corps installés dans des garnisons.

Dans ces conditions, j'ai dû me préoccuper d'alléger autant que possible la tâche des corps de troupe et des unités en campagne, en conservant les moyens d'exercer sur les recettes,

les dépenses et les consommations, un contrôle
efficace.

Pour arriver à ce but, j'ai fait étudier la
possibilité, tout en maintenant pour le temps
de paix les dispositions actuellement en vigueur, et en s'en écartant le moins possible
en temps de guerre, d'établir pour les fractions
mobilisées un système de comptabilité plus
simple et plus pratique.

Le décret que j'ai l'honneur de soumettre à
votre approbation paraît réunir toutes les conditions désirables à ce sujet. Il laisse intacts,
en effet, les principes actuellement appliqués
à la perception des prestations en deniers et
en nature, à la liquidation et à la forme des
comptes.

La création au dépôt de chaque corps d'un
bureau de comptabilité, sous la direction d'un
officier, permet de débarrasser les fractions
mobilisées du soin de rendre leurs comptes et
d'établir les documents nécessaires à leur
liquidation, en ne leur laissant que celui de
rassembler et de produire les éléments indispensables à cette liquidation. Le carnet de
comptabilité dont le modèle est ci-joint satis-
fait à cette dernière condition.

Le chef du bureau spécial de comptabilité
est substitué aux commandants de compagnie,
d'escadron ou de batterie pour tout ce qui
concerne l'établissement et la mise à jour des
feuilles de journées, registre de comptabilité
trimestrielle et pièces de comptabilité.

Les agents des conseils d'administration
éventuels n'ont plus à tenir que les registres
indispensables.

Si vous approuvez ces dispositions, j'ai l'honneur de vous prier de vouloir bien revêtir de votre signature le décret ci-joint.

Veuillez agréer, Monsieur le Président, l'hommage de mon respectueux dévouement.

Le Ministre de la Guerre,

Signé : E. CAMPENON.

———⟩✱⟨———

Décret sur la comptabilité des corps de troupe en campagne.

———

Paris, le 21 avril 1884.

Le Président de la République Française,

Vu l'ordonnance royale du 10 mai 1814 sur l'administration et la comptabilité des corps de troupe, et les décrets du 7 août 1875 et du 1er mars 1880 qui l'ont modifiée ;

Vu le règlement du 8 juin 1883 sur le service de la solde et sur les revues ;

Considérant qu'il importe d'alléger autant que possible la tâche des corps de troupe et des unités en campagne, en ce qui concerne la comptabilité ; que l'on ne peut exiger de ces fractions que la réunion des éléments devant servir à l'établissement des comptes ;

Considérant que ce résultat peut être obtenu tout en conservant les moyens d'exercer sur les recettes, les dépenses et les consommations un contrôle efficace,

Décrète :

Art. 1er. Les dispositions qui régissent le service de la solde et l'administration intérieure des corps de troupe en temps de paix sont applicables aux corps de troupe en campagne, sauf les modifications suivantes :

Art. 2. Les compagnies, escadrons ou batteries mobilisés envoient à la portion centrale, la veille de leur départ pour se rendre à une armée active, leurs registres de comptabilité trimestrielle.

Le dépôt reste alors chargé, conformément aux règles tracées par le présent décret, de la tenue des documents contenus dans ce registre.

· Les compagnies, escadrons ou batteries emportent les livrets matricules des officiers, des hommes et des chevaux.

Art. 3. Il est tenu dans chaque compagnie, escadron ou batterie en campagne, un carnet d'enregistrement journalier des diverses opérations de comptabilité, conforme au modèle n° 1.

Ce carnet est renouvelé tous les trois mois.

Art. 4. Les carnets sont fournis par les soins des corps et payés sur les fonds de la masse générale d'entretien, 2e portion.

Chaque corps de troupe doit être constamment pourvu d'un nombre de carnets double de celui correspondant aux fractions à mobiliser pour le service de guerre.

Le renouvellement des carnets est assuré par le conseil d'administration central.

Art. 5. Une instruction ministérielle déter-

minera dans ses détails la marche à suivre pour
la tenue de ce carnet.

Art. 6. Le premier jour de la mobilisation,
il est formé au dépôt de chaque corps un bureau
spécial pour l'établissement des comptes des
compagnies, escadrons ou batteries qui se
séparent de la portion centrale. Ce bureau
entre en fonctions immédiatement après le
départ des compagnies, escadrons ou batteries
mobilisés; il demeure en outre chargé de la
liquidation de leurs comptes au titre de l'intérieur.

Ce bureau est toujours installé dans les
bâtiments militaires.

Art. 7. Le bureau spécial de comptabilité est
composé ainsi qu'il suit :

Un officier, du grade de lieutenant au moins
(autre que les officiers comptables ou leurs
adjoints), chef du bureau ;

Un sous-officier (comptable autant que possible), pour quatre unités mobilisées;

Un secrétaire (caporal ou soldat) par unité
détachée.

Ce personnel est choisi dans les diverses
fractions du corps restant sur le territoire, et
désigné par l'officier commandant le dépôt,
sur la proposition du major, ou par le major,
s'il commande lui-même le dépôt.

Il n'est pas créé de bureau spécial de comptabilité dans les corps dont le nombre de
compagnies, escadrons ou batteries mobilisés
est au-dessous de trois. Dans ce cas, le chef
de corps désigne les commandants de compagnie, d'escadron ou de batterie qui doivent

remplacer le chef du bureau spécial de comptabilité dans toutes les attributions qui lui sont dévolues par le présent décret.

Art. 8. L'officier chef du bureau spécial de comptabilité est substitué aux commandants de compagnie, d'escadron ou de batterie sur le pied de guerre, pour tout ce qui concerne l'établissement des feuilles de journées et autres documents de comptabilité.

Il certifie, comme chef de bureau, toutes les pièces qu'il établit pour le compte de ces portions de corps, et rédige la correspondance.

Art. 9. Le major exerce sur tous les détails d'administration et de comptabilité qui sont confiés au chef du bureau spécial la même surveillance que celle qui lui est dévolue pour les compagnies, escadrons ou batteries.

Art. 10. Il est alloué à l'officier chef du bureau de comptabilité, sur les fonds de la solde, une indemnité pour frais de bureau proportionnelle au nombre d'unités mobilisées. L'allocation de cette indemnité commence au jour de la constitution du bureau, et elle cesse à partir de celui de sa dissolution.

Art. 11. Il est alloué pour le chauffage du bureau de comptabilité, pendant la saison d'hiver, une ration de combustible, dont la quotité est déterminée par le Ministre, suivant les besoins et l'importance du bureau.

Art. 12. Les allocations de frais de bureau et de chauffage sont régularisées dans les revues de l'intérieur.

Art. 13. Le bureau de comptabilité est dissous aussitôt que les portions actives rappelées à l'intérieur sont rendues à leur destination.

Toutefois, le Ministre peut en autoriser le maintien pendant un certain temps pour assurer la reddition des comptes afférents à la période de mobilisation.

A partir du retour au pied de paix, les diverses unités qui ont été mobilisées sont chargées de l'établissement de leurs pièces de comptabilité, conformément aux dispositions réglementaires.

Il n'est pas créé de bureau spécial de comptabilité dans les compagnies ou sections formant corps. La comptabilité des fractions mobilisées est réglée par la portion restée sur le territoire, en se conformant aux dispositions du présent décret.

Dispositions applicables à l'ensemble des portions actives.

Art. 14. Les registres de comptabilité à emporter par les conseils d'administration éventuels en campagne sont les mêmes qu'en temps de paix (art. 117 de l'ordonnance du 10 mai 1844, modifié par le décret du 1er mars 1880), sauf les modifications ci-après :

Le registre d'effectif et celui des distributions sont réunis en un seul, qui est conforme au modèle n° 2.

Un seul registre, celui des entrées et des sorties du matériel (modèle n° 22 A annexé au décret du 1er mars 1880), est tenu en campagne par l'officier délégué à l'habillement.

Dispositions relatives à la surveillance administrative.

Art. 15. Les sous-intendants militaires employés aux armées tiennent pour les corps ou portions de corps dont ils ont la surveillance administrative un registre d'effectif conforme au modèle n° 3. Chaque corps y est inscrit séparément.

Art. 16. Les contrôles des compagnies, escadrons ou batteries en campagne sont tenus par les sous-intendants militaires chargés de la surveillance administrative des portions centrales.

Art. 17. Le présent décret n'est pas applicable aux troupes permanentes de l'Algérie ni aux armées d'occupation, à moins de circonstances spéciales laissées à l'appréciation du Ministre de la Guerre.

Fait à Paris, le 21 avril 1884.

Signé : Jules GRÉVY.

Par le Président de la République :

Le Ministre de la Guerre,

Signé : E. CAMPENON.

Paris, le 21 avril 1884.

Instruction pour l'application du décret du 24 avril 1884, sur la comptabilité des corps de troupe en campagne.

Messieurs,

Je vous adresse ci-joint ampliation du décret rendu le 24 avril 1884, sur ma proposition, par M. le Président de la République, sur la comptabilité des corps de troupe en campagne.

Création d'un bureau de comptabilité.

Le rapport qui précède le décret expose les motifs sur lesquels est basée la création, en cas de mobilisation, de bureaux spéciaux de comptabilité chargés d'établir et de liquider les comptes des unités appelées à faire campagne, au moyen des documents qui leur seront fournis par ces unités.

Les simplifications apportées au mode actuel de comptabilité par les dispositions nouvelles ne vous échapperont pas; je crois, néanmoins, devoir vous donner les explications suivantes, qui me paraissent de nature à faciliter l'application de ces dispositions.

Il n'est rien changé aux prescriptions réglementaires actuellement en vigueur, en ce qui concerne les perceptions, distributions et réintégrations de toute nature. Il en est de même pour la constatation des dégradations, moins-values et pertes.

Le dépôt règle les comptes des unités mobilisées.

Chaque compagnie, escadron ou batterie mobilisé doit remettre ou envoyer à la portion centrale, avant son départ, tous ses documents de comptabilité, à l'exception de ceux spécifiés à l'article 2 du décret. Le dépôt demeure dès lors chargé de régler les comptes des unités mobilisées et d'établir les pièces et documents destinés à appuyer ces comptes.

A cet effet, aucune modification n'est apportée aux prescriptions contenues dans l'instruction du 7 novembre 1879, et dans l'article 504 du règlement du 8 juin 1883, en ce qui concerne l'établissement des feuilles de journées.

Carnet de comptabilité; son objet.

Avant son départ, chaque unité administrative mobilisée reçoit un carnet du modèle spécifié par le décret. En outre, un deuxième exemplaire par unité mobilisée est remis à l'officier payeur, pour être distribué aux compagnies, escadrons ou batteries en cas de perte du carnet en cours, ou de retard par suite de circonstances de l'état de guerre, dans la réception de celui qui doit être envoyé par la portion centrale pour le trimestre suivant.

Ce carnet est destiné à recevoir l'inscription sommaire des diverses opérations de comptabilité de la compagnie, de l'escadron ou de la batterie. Ses dimensions ont été calculées pour en rendre le transport facile et pour permettre aux sous-officiers comptables de le conserver sur eux dans toutes les circonstances.

Les différents chapitres ne doivent comporter que les renseignements indispensables ; les inscriptions qui doivent y figurer, rendues aussi simples que possible sans nuire à leur clarté et à leur précision, y sont faites rapidement, au jour le jour, et, au besoin, pendant les courts instants de repos succédant à une journée de marche ou de combat.

Les commandants de compagnie, d'escadron ou de batterie doivent exiger que leurs sous-officiers comptables soient constamment porteurs de ce carnet, et veiller à ce que les inscriptions y soient faites très exactement.

Les carnets, après avoir été certifiés à tous les chapitres par les commandants de compagnie, sont adressés, dans les cinq premiers jours qui suivent le trimestre expiré, à l'officier remplissant les fonctions de major à l'armée. Ce dernier les fait collationner par l'officier payeur et par l'officier chargé des détails de l'habillement, chacun en ce qui le concerne, et les fait parvenir ensuite, par l'intermédiaire du conseil d'administration éventuel, au conseil d'administration central.

Les diverses pièces de recettes et de dépenses, les bons partiels de distributions, les bulletins de réparations, de pertes ou dégradations et moins-values, sont expédiés, sans attendre l'envoi des carnets d'enregistrement, à la portion centrale, dès qu'ils ne sont plus nécessaires à la portion mobilisée pour les inscriptions aux différents registres. Cette mesure a pour but de faciliter au dépôt les moyens de tenir au courant, autant que possible, la comptabilité des fractions mobilisées, et de permettre de reconstituer au besoin les carnets perdus.

Renouvellement des carnets.

Avant la fin du trimestre, le major fait expédier aux diverses fractions du corps employées aux armées les carnets destinés à remplacer ceux du trimestre courant. Cet envoi doit être fait de manière à ce que ces fractions les reçoivent assez à temps pour en ouvrir les différents chapitres.

Constitution de l'approvisionnement des carnets.

Après la réception de la présente instruction, le conseil d'administration central de chaque corps de troupe doit se pourvoir, dans le plus bref délai possible, d'un nombre de carnets double de celui correspondant au chiffre des fractions à mobiliser pour le service de guerre. Ces carnets sont déposés au magasin du corps, avec l'approvisionnement d'imprimés constitué pour le cas de mobilisation, et compris, pour mémoire, sur le même inventaire.

Les carnets distribués aux portions mobilisées sont immédiatement remplacés.

L'approvisionnement doit être tenu constamment au complet.

Tenue du carnet.

Pour l'établissement et la tenue de ce carnet,

les commandants de compagnie, d'escadron
ou de batterie se conforment à l'instruction
qui y est annexée.

Au moment où les troupes partent pour
entrer en campagne ou sont mises sur le pied
de guerre, l'officier chef du bureau spécial de
comptabilité au dépôt reçoit du major les
registres de comptabilité trimestrielle des
unités mobilisées; à partir de ce moment
ces documents sont tenus au courant par les
soins du bureau spécial et sous la responsa-
bilité de l'officier chef du bureau.

Formation des décomptes en deniers et en nature.

Les décomptes des prestations en deniers
et en nature allouées par les feuilles de journées sont établis par les soins de l'officier
chef du bureau de comptabilité, aux lieu et
place des capitaines. Les feuilles de journées
sont soumises à la vérification du major, en
ce qui concerne l'effectif et les mutations, en-
voyées ensuite au trésorier, chargé de vérifier
les décomptes, et transmises, après cette
vérification, et par les soins du conseil d'administration central, au sous-intendant militaire, chargé de l'établissement de la deuxième
partie de la revue.

Les allocations en nature et en deniers au
titre de l'armée sont acquises aux fractions
mobilisées à partir du jour de leur départ ou de
leur mise sur le pied de guerre. Au retour sur
le pied de paix, ces mêmes allocations cessent
au jour indiqué par le Ministre, pour les frac-

tions restées sur le territoire, et au lendemain du passage de la frontière ou du débarquement en France ou sur le sol de l'Algérie, pour les fractions qui se trouvent hors du territoire.

Fonctionnement des bureaux de comptabilité.

Les bureaux spéciaux de comptabilité demeurent chargés de la reddition des comptes afférents à la période de guerre.

Au fur et à mesure de l'arrivée des pièces de recettes et de dépenses et des bons de toute nature, le major les fait parvenir à l'officier chef du bureau spécial de comptabilité, qui, à l'aide de ces documents, fait immédiatement mettre au courant les registres de comptabilité trimestrielle des compagnies, ainsi que les bordereaux d'enregistrement journalier des réparations que les capitaines doivent tenir, en exécution de l'article 211 de l'ordonnance du 10 mai 1844, et dont l'établissement incombe au bureau spécial de comptabilité. Ces pièces sont ensuite réintégrées dans les archives du trésorier et de l'officier d'habillement.

Dès la réception par le conseil d'administration central des carnets de comptabilité des fractions mobilisées, le major les vérifie avec ses contrôles et les remet à l'officier chef du bureau de comptabilité, après les avoir rectifiés, s'il y a lieu, en ce qui concerne l'effectif et les mutations. A l'aide de ces documents, cet officier fait procéder immédiatement à l'achèvement des feuilles de journées.

Les carnets de comptabilité sont ensuite déposés dans les archives du corps, en même temps que les registres de comptabilité trimestrielle, auxquels ils restent annexés.

Les procès-verbaux de pertes d'effets et d'armes inscrits au chapitre VIII, § 2, des carnets de comptabilité, ainsi que les extraits de ceux qui concernent l'ensemble du corps, sont récapitulés par les soins de l'officier chef du bureau spécial de comptabilité, dans un état conforme au modèle n° 4, établi pour chaque service : Habillement et grand équipement. — Petit équipement. — Harnachement. — Campement. — Armement. — Subsistances. Ces états sont arrêtés par le conseil d'administration central et envoyés au sous-intendant militaire chargé de la surveillance administrative du dépôt. Ce fonctionnaire, après s'être assuré de leur exactitude, au moyen des extraits des procès-verbaux joints, autorise le conseil d'administration à porter en sortie dans ses comptes, les quantités d'effets perdus ou détériorés.

Les états de pertes d'armes sont soumis à l'approbation ministérielle, conformément aux règlements en vigueur.

Allocation d'une indemnité de frais de bureau à l'officier chef du bureau de comptabilité.

L'indemnité à allouer à l'officier chef du bureau spécial de comptabilité, sur les fonds de la solde, à titre de frais de bureau, est déterminée par les tarifs ; elle lui est payée en même temps que la solde et comprise sur la même feuille d'émargement.

La régularisation de cette indemnité a lieu sur la revue de l'intérieur. Le détail justificatif des sommes allouées est inscrit dans la colonne d'observations du tableau nº 11 de la revue.

Emplacement des bureaux de comptabilité. — Matériel à leur affecter.

Les locaux mis à la disposition du corps, pour l'installation des bureaux spéciaux de comptabilité dans les bâtiments militaires, doivent être proportionnés au nombre de secrétaires qui y sont employés, de façon que chaque unité détachée occupe, autant que possible, une place distincte. Cependant rien ne s'oppose à ce que plusieurs bureaux soient installés dans le même local.

Le matériel nécessaire à cette installation est fourni par le service du génie; il se compose uniquement de tables, de bancs ou de chaises du casernement, et il est prélevé sur l'ameublement des chambres, ou sur les ressources des magasins du génie, lorsqu'il en existe.

Allocation de combustible pour le chauffage des bureaux de comptabilité.

La quotité de la ration de chauffage à allouer pendant la saison d'hiver est constatée par un procès-verbal rapporté dans la forme ordinaire par le sous-intendant militaire chargé de la surveillance administrative du dépôt, et soumis à l'approbation du Ministre.

Le combustible ainsi alloué est perçu en même temps et sur les mêmes bons que le chauffage des chambres. Les allocations sont constatées sur la feuille spéciale de chauffage, dans les mêmes tableaux que celles des chambres et régularisées au tableau n° 9 de la revue de l'intérieur.

Maintien en fonctions des bureaux de comptabilité après le retour au pied de paix.

Les bureaux spéciaux de comptabilité qui, au jour du retour sur le pied de paix, n'ont pas terminé la reddition des comptes afférents à la période de mobilisation, peuvent être maintenus en fonctions par le Ministre pendant le temps nécessaire pour la clôture de ces comptes, sur la proposition du sous-intendant militaire chargé de la surveillance administrative du corps, appuyée de l'avis motivé de l'intendant militaire de la région.

Remise des documents de comptabilité aux compagnies.

Dès que les portions actives du corps rappelées à l'intérieur sont rendues à leur destination, elles sont remises en possession, par les soins du conseil d'administration central, des registres et des divers documents de comptabilité dont la tenue est prescrite en temps de paix. Elles procèdent immédiatement à la mise à jour de ces registres et documents.

Les contrôles des compagnies, escadrons ou

batteries en campagne sont tenus par le major, à la portion centrale du corps.

Situations journalières.

Le conseil d'administration éventuel adresse tous les jours au conseil central les situations journalières devant servir de base à la tenue des contrôles. Aussitôt après l'arrivée de ces documents, le major en fait l'inscription sur les contrôles des fractions de corps qu'ils concernent ; ils reçoivent ensuite la destination prescrite par la circulaire du 28 octobre 1875.

Dispositions spéciales au service de l'habillement. — Registre des entrées et des sorties du matériel.

Le registre-journal des distributions et réintégrations en magasin étant supprimé pour les corps de troupe en campagne, les bons de distribution, les bulletins de réintégration et les diverses pièces d'entrée et de sortie du matériel sont inscrits au fur et à mesure des opérations sur le registre des entrées et sorties du matériel. Les entrées et les sorties sont balancées en fin trimestre, et les restants en magasin sont inscrits en chiffres à chacun des chapitres. Ce document est ensuite soumis à la signature du sous-intendant militaire, qui cote et paraphe en même temps le registre du trimestre suivant. Ce dernier registre reproduit, comme premier article, à chacun des chapitres les restants en magasin au dernier jour du trimestre précédent.

Le registre du trimestre écoulé est ensuite envoyé au dépôt du corps.

Le registre des entrées et sorties du matériel de l'habillement est trimestriel pour les fractions en campagne.

Les bons de réception et les bulletins de réintégration seront numériques.

La tenue des contrôles généraux et du registre matricule des effets de la première catégorie étant suspendue pendant la durée de la mobilisation, il ne sera plus attribué de durée réglementaire aux effets d'habillement pendant la période de guerre.

Par suite, les corps de troupe en campagne feront usage de bons ou bulletins numériques qui seront établis distinctement, par nature d'effets (Habillement. — Equipement. — Campement. — Armement. — Harnachement), et dont les résultats seront très exactement inscrits aux paragraphes correspondants du chapitre IX du carnet d'enregistrement journalier.

Procès-verbaux de perte.

En conséquence de la suppression du décompte de la durée réglementaire des effets, la mise hors de service ou la détérioration de ceux-ci seront considérées comme résultant de cas de force majeure et donneront lieu à l'établissement de procès-verbaux conformes au modèle n° 15 annexé à l'instruction du 1er mars 1880, rapportés par les sous-intendants chargés de la surveillance administrative des corps de troupe.

Par dérogation aux dispositions de l'article 251 de l'ordonnance du 10 mai 1814 (Nouvelle rédaction. — Décret du 1er mars 1880), les conclusions de ces procès-verbaux seront exécutoires, quel que soit le montant de la dépense totale résultant des pertes ou détériorations.

TROP OU MOINS-PAYÉS AUX OFFICIERS. — PRESTATIONS EN NATURE PERÇUES EN TROP.

Dispositions spéciales du service de la solde. Consommation des décomptes.

Dès que le trésorier a établi les états comparatifs des allocations de solde des officiers et des prestations en nature avec les perceptions, des extraits de ces états sont adressés par le conseil d'administration central au conseil d'administration éventuel, qui les remet, dès leur réception, à l'officier payeur; celui-ci procède au recouvrement des débets et au paiement des créances, conformément aux règles tracées par les articles 150 et 151 de l'ordonnance du 10 mai 1811.

États comparatifs.

Aussitôt après la vérification des feuilles de journées par le sous-intendant militaire, l'officier chef du bureau de comptabilité établit par compagnie, escadron ou batterie, les états comparatifs (modèle n° 52 de l'ordonnance du 10 mai 1814) des sommes perçues et de celles dont les feuilles de journées constatent l'allo-

cation ; il les certifie et les remet ensuite au
trésorier, qui, après les avoir récapitulés dans
un bordereau (modèle n° 53 de l'ordonnance
précitée), les fait parvenir au conseil d'administration éventuel, par l'intermédiaire du
conseil d'administration central, pour recevoir
la même destination que celle qui est prescrite
ci-dessus.

Extrait du registre-journal.

L'extrait du registre-journal des recettes et
dépenses que les portions actives doivent
adresser au conseil d'administration central,
en exécution de l'article 254 de l'ordonnance
du 10 mai 1841, est conforme au modèle annexé à cette ordonnance. La partie de cet
extrait relative au développement des recettes
et dépenses par nature de fonds est remplie à
la portion centrale par les soins du trésorier.

Régularisation des plus ou moins-payés.

Les plus ou moins payés résultant des rec-
tifications ou redressements opérés dans les
comptes des portions actives par les conseils
d'administration centraux, sont régularisés
au moyen d'états émargés par les capitaines
intéressés, conformément à ce qui est prescrit
ci-dessus.

DISPOSITIONS RELATIVES A LA SURVEILLANCE ADMINISTRATIVE.

Etats des mutations.

Pour faciliter au sous-intendant militaire
chargé de la surveillance administrative de la

portion mobilisée la tenue du registre prescrit par l'article 15 du décret du 24 avril 1884, l'officier faisant fonctions de major, et, dans les corps n'ayant pas de conseil d'administration, l'officier commandant, adresse chaque jour à ce fonctionnaire un état sommaire de l'effectif, portant mention des diverses mutations survenues la veille. Cet état est conforme au modèle n° 5.

Les états que le sous-intendant militaire a reçus en exécution des dispositions qui précèdent, sont transmis par ses soins, tous les dix jours, à son collègue chargé de la surveillance administrative de la portion centrale.

Tenue des contrôles.

Les contrôles des compagnies, escadrons ou batteries en campagne, sont tenus par le sous-intendant militaire chargé de la surveillance administrative de la portion centrale, au moyen des talons des situations journalières, qui lui sont expédiés par le conseil d'administration central. Les états de mutations qui lui parviennent en exécution des dispositions précédentes sont vérifiés par ses soins, à l'aide de ces mêmes talons. Il donne immédiatement connaissance à son collègue de l'armée des différences qu'il a constatées entre ces documents, afin de lui permettre de rectifier en conséquence son registre d'effectif.

Revues d'effectif.

Aux revues d'effectif à l'armée, l'appel nominal est fait à l'aide des contrôles inscrits aux carnets de comptabilité en campagne.

La présente instruction est applicable aux corps ou fractions de corps de l'armée territoriale mobilisés.

DISPOSITIONS SPÉCIALES AUX UNITÉS PARTANT LE PREMIER JOUR DE LA MOBILISATION.

Dans chaque unité désignée pour partir le premier jour de la mobilisation, il sera tenu en temps de paix, sur une feuille volante, un contrôle de la troupe, de telle sorte qu'au moment du départ, il n'y ait plus qu'à le coller au chapitre V du carnet d'enregistrement journalier (modèle nº 1).

Signé : E. CAMPENON.

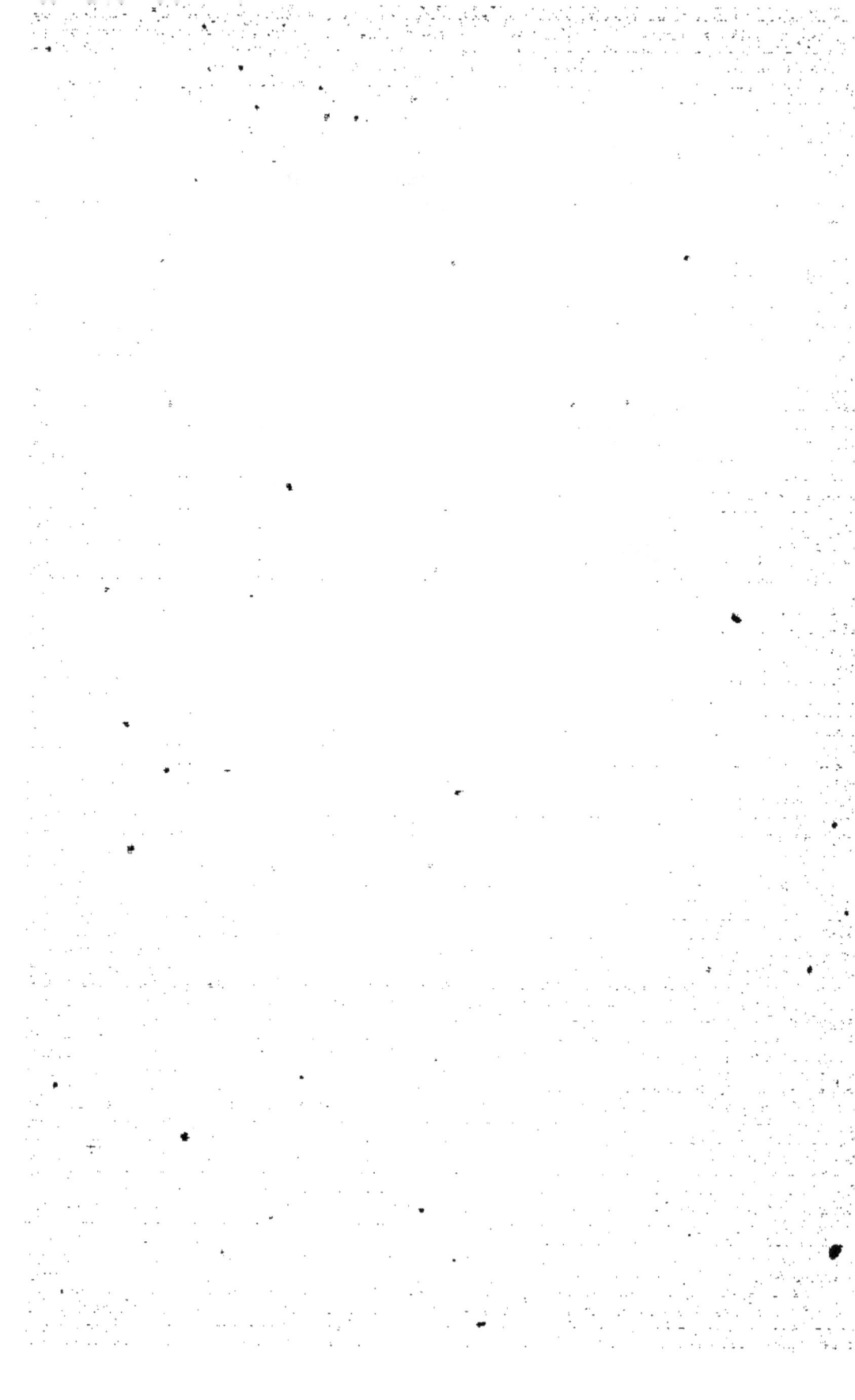

Application du décret
du 21 avril 1831.
—
Modèle n° 1.

CARNET

D'ENREGISTREMENT JOURNALIER DES DIVERSES
OPÉRATIONS DE COMPTABILITÉ

NOTA. — Ce carnet n'est qu'un modèle typo. En le
faisant imprimer, les corps lui feront subir les modifications de détail et donner les développements que
comporte l'effectif de leurs compagnies, escadrons et
batteries.

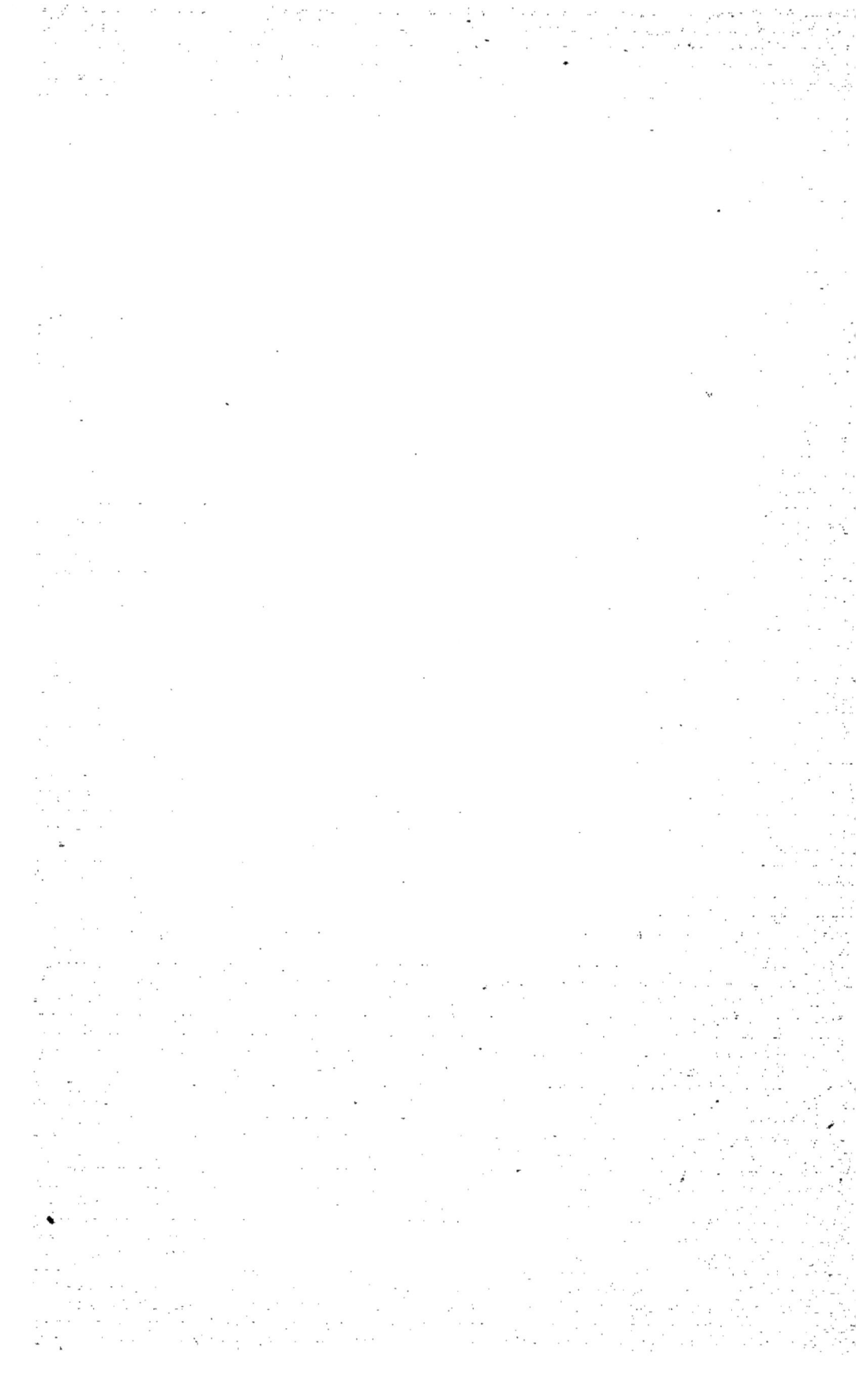

* TRIMESTRE   Modèle n° 1.

ARMÉE DE

CORPS

* Bataillon,   * Compagnie

M.   , Capitaine.

CARNET

D'ENREGISTREMENT JOURNALIER DES DIVERSES
OPÉRATIONS DE COMPTABILITÉ

Le présent carnet, contenant   pages,
celle-ci comprise, a été coté et paraphé par nous,
capitaine faisant fonctions de major, pour servir à dater
du   et jusqu'au

A   , le   188 .

Vu :
Le Sous-Intendant militaire,

Format { Largeur.. 0m,18.
du papier. { Hauteur.. 0m,26.

INSTRUCTION
POUR LA TENUE DU CARNET

Le carnet de comptabilité en campagne est destiné à recevoir, dans l'ordre ci-après, les renseignements indiqués par le titre même de chacun des chapitres :

CHAPITRE Ier

Renseignements sur les diverses portions de la compagnie, de l'escadron ou de la batterie.

Indiquer d'abord la position de la compagnie, de l'escadron ou de la batterie au premier jour du trimestre ou de l'ouverture du carnet. Relater ensuite, par ordre de date, les divers mouvements exécutés, soit par la compagnie entière, soit par des fractions.

CHAPITRE II

Renseignements relatifs aux allocations de vivres de campagne, d'indemnités et fournitures extraordinaires.

Les inscriptions se font par ordre de date, sur la mise à l'ordre du jour ou sur la communication des décisions de l'autorité compétente.

CHAPITRE III

Situations et mutations journalières.

La situation est établie chaque matin, d'après les

mutations survenues pendant la journée précédente, à compter du jour de la mise sur le pied de guerre.

Les mutations y sont inscrites sommairement au moyen des numéros au contrôle trimestriel seulement, suivis de la désignation du grade.

CHAPITRE IV

Contrôle des officiers.

Les officiers y sont inscrits dans l'ordre des grades et des classes. Les numéros sont ceux du contrôle trimestriel tenu par le major.

CHAPITRE V

Contrôle de la troupe.

Ce chapitre présente le contrôle de la compagnie sur le pied de guerre par grade et par rang d'ancienneté.

Lors de l'établissement ou du renouvellement trimestriel du carnet, il est laissé, à la suite de chaque grade, classe ou emploi, un nombre de cases en blanc égal à la moitié du complet réglementaire pour les grades et au quart pour les emplois.

CHAPITRE VI

Contrôle des chevaux.

Le contrôle des chevaux est tenu d'une manière analogue à celui des hommes; les animaux y sont inscrits dans l'ordre suivant :

1° Chevaux d'officiers à titre onéreux; — 2° à titre gratuit; — 3° chevaux de selle de troupe; — 4° chevaux de trait; — 5° mulets.

Comptabilité.   3

Les animaux conserveront les mêmes numéros qu'au contrôle trimestriel tenu par le major.

Il est laissé à la suite de chaque catégorie d'animaux un nombre de cases en blanc égal à la moitié de celui qui forme le complet d'organisation.

CHAPITRE VII

§ 1ᵉʳ — *Solde de la troupe.*

Les feuilles de prêt sont inscrites au fur et à mesure des perceptions et totalisées en fin de trimestre.

§ 2. — *Prestations en nature.*

Les prestations en nature sont inscrites au fur et à mesure des perceptions et totalisées en fin de trimestre.

§ 3. — *Vivres remboursables.*

Les mêmes règles sont applicables à ce para-graphe.

CHAPITRE VIII

§ 1ᵉʳ. — *Réparations.* — § 2. — *Dégradations.*

Les bulletins sont inscrits dans l'ordre de leurs numéros et pour leur total seulement. Les totaux sont faits en fin de trimestre.

§ 3. — *Pertes par cas de force majeure.*

Les extraits des procès-verbaux de pertes sont enregistrés par ordre de date, sans aucune lacune et sans distinction du service auquel se rattachent les objets ou denrées perdus; ils sont libellés aussi succinctement que possible, en se conformant aux indications inscrites en tête des colonnes.

CHAPITRE IX

Cahier d'enregistrement journalier.

§§ 1, 2, 3, 4, 5, 6, 7, 8 et 9.

Les bons et bulletins y sont portés dans l'ordre des dates et au courant de la plume. Les effets sont inscrits, pour chaque bulletin, en se conformant autant que possible à l'ordre donné par la nomenclature des règlements sur le service de l'habillement.

CHAPITRE X

Notes et renseignements divers qui ne peuvent trouver place dans les différents chapitres du carnet.

Tous les renseignements qui ne peuvent trouver place dans les différents chapitres du carnet sont inscrits au courant de la plume à ce chapitre.

MM. les commandants des unités ne doivent négliger l'inscription d'aucun détail de nature à faciliter l'établissement de leur compte par le bureau spécial de comptabilité.

CHAPITRE Ier

Renseignements sur les diverses positions de la compagnie, de l'escadron ou de la batterie.

CHAPITRE II

Allocations de vivres de campagne, d'indemnités et de fournitures extraordinaires.

DATES des ORDRES.	AUTORITÉ de laquelle ils émanent.	NATURE des FOURNI-TURES.	INDICATION sommaire DES FOURNITURES. Motifs et durée des allocations.

Certifié par le commandant de

A , le 188 .

CHAPITRE III

Situations et mutations journalières

Mois de

Dates	Officiers – Présents – Capitaines	Officiers – Présents – Lieutenants	Officiers – Présents – Sous-lieutenants	Officiers – Présents – Total	Officiers – Absents – Capitaines	Officiers – Absents – Lieutenants	Officiers – Absents – Sous-Lieutenants	Officiers – Absents – Total	Officiers – Effectif	Troupe – Présents – Adjudants	Troupe – Présents – Sergents-majors	Troupe – Présents – Sergents et sergents-fourriers	Troupe – Présents – Caporaux-fourriers	Troupe – Présents – Caporaux	Troupe – Présents – Tambours et clairons	Troupe – Présents – Soldats de 1re classe	Troupe – Présents – Soldats de 2e classe	Troupe – Présents – Total	Troupe – Absents – En congé	Troupe – Absents – A l'hôpital	Troupe – Absents – En jugement	Troupe – Absents – En détention	Troupe – Absents – Manquant à l'appel	Troupe – Absents – Détachés	Troupe – Absents – Autres positions d'absence	Troupe – Absents – Total	Troupe – Effectif	Chevaux – Présents – d'officiers	Chevaux – Présents – de troupe	Chevaux – Présents – de trait et mulets	Chevaux – Présents – Total	Chevaux – Absents – d'officiers	Chevaux – Absents – de troupe	Chevaux – Absents – de trait et mulets	Chevaux – Absents – Total	Chevaux – Effectif	Htes-payes – Sous-Officiers présents – à 0 fr. 30	Htes-payes – Sous-Officiers présents – à 0 fr. 50	Htes-payes – Sous-Officiers présents – à 0 fr. 70	Htes-payes – Sous-Officiers présents – Total	Htes-payes – Capor. et sold. présts – à 0 fr. 12	Htes-payes – Capor. et sold. présts – à 0 fr. 15	Htes-payes – Capor. et sold. présts – Total	Substituants présents	Mutations sommaires
1																																													
2																																													
3																																													
4																																													
5																																													
6																																													
7																																													
8																																													
9																																													
10																																													
11																																													
12																																													
13																																													
14																																													
15																																													
16																																													
17																																													
18																																													
31																																													

(Au dernier tableau seulement) :

Certifié par le commandant de

A , le 18 .

Un tableau semblable pour chaque mois.

CHAPITRE IV

Contrôle des Officiers.

N°ˢ au contrôle trimestriel	NOMS.	GRADES CLASSES et emplois.	Observations.

Une ou deux pages, suivant qu'il s'agira d'une compagnie, d'un escadron ou d'une batterie, ou bien de la section hors rang.

Certifié par le commandant de la

A , le 18 .

CHAPITRE V

Contrôle de la troupe.

NUMÉROS		NOMS.	GRADES CLASSES et emplois.	Observations
au contrôle tri- mestriel	matri- cules.			

Le nombre de pa-
ges nécessaire pour
l'effectif réglemen-
taire de l'unité.
(20 pages pour une
compⁱᵉ d'infanterie.)

Certifié par le commandant de

A   , le   18S .

CHAPITRE VI

Contrôle des chevaux.

NUMÉROS		NOMS.	NOMS des OFFICIERS qui en sont détenteurs	Observations
au contrôle trimestriel	matricules.			

1° CHEVAUX D'OFFICIERS A TITRE ONÉREUX

2° CHEVAUX D'OFFICIERS A TITRE GRATUIT

3° CHEVAUX DE SELLE DE TROUPE

4° CHEVAUX DE TRAIT

5° MULETS

Le nombre de pages nécessaire suivant l'unité.

Certifié par le commandant de

A   , le   188 .

CHAPITRE VII

§ 1er. — *Solde de la troupe.*

DATES des feuilles de prêt.	NOMBRE DE JOURS qu'elles comprennent.	MONTANT de chaque feuille de prêt.	DATES des feuilles de prêt.	NOMBRE DE JOURS qu'elles comprennent.	MONTANT de chaque feuille de prêt.
Mois de du 1er au 5 inclus.	5		Report...		
A reporter....			TOTAL........		

COLLATIONNÉ :   CERTIFIÉ par le commandant de

    L'Officier payeur,   A   , le   188 .

2 pages.

Mois de   § 2. — *Fournitures en*

DATES DES DISTRIBUTIONS.	NOMBRE DE JOURS qu'elles comprennent	VIVRES ET LIQUIDES.											CHAUF-FAGE.	
		Pain.	Biscuit.	Viande fraîche.	Viande de conserve.	Lard.	Riz.	Légumes secs.	Sel.	Vin.	Eau-de-Vie.	Sucre et café.	Bois. char bon	de terre, de bois. Fascox.
Totaux...														

COLLATIONNÉ :   Certifié par le

  L'Officier payeur,   A

1 tableau par mois.

nature à titre gratuit.

FOURRAGES.							OBSERVATIONS.
Foin.	Paille.	Orge ou avoine.	Paille de couchage.	1/2 Journ.	Journées. } NOURRITURE chez l'habitant.		

commandant de

          , le   188 .

Mois de   § 3. — *Fournitures en*

DATES DES DISTRIBUTIONS.	NOMBRE DE JOURS qu'elles concernent.	VIVRES ET LIQUIDES.										
		Pain.	Biscuit.	Viande fraîche.	Viande de conserve.	Lard.	Riz.	Légumes secs, conserves, &c (d'officiers, de troupe.)	Sel.	Vin.	Eau-de-Vie.	Sucre et café.
TOTAUX...												

COLLATIONNÉ :   CERTIFIÉ par le

  L'Officier payeur,   A.

1 tableau par mois.

nature remboursables.

FOUR-RAGES.		CHAUF-FAGE.				NOURRITURE chez l'habitant. (officiers.)		OBSERVATIONS.
Foin.	Paille.	Orge ou avoine.	Bois.	charbon	de terre. de bois. Fagots.	1re journ.	Journées.	

commandant de

  , le   183 .

CHAPITRE VIII

§ 1". — *Réparations.*

NUMÉROS ET DATES DES BULLETINS.	MONTANT DE CHAQUE BULLETIN.									OBSERVATIONS.
	à l'habillement.	à un grand équipement.	à la coiffure.	à l'armement.	au harnachement.	à la chaussure.	aux effets de campement.	aux voitures régimentaires.	à prix débattu par des ouvriers civils.	
TOTAUX..										

CERTIFIÉ par le commandant de

A   , le   183 .

3 pages.

CHAPITRE VIII

§ 2. — *Dégradations et moins-values.*

NUMÉROS ET DATES DES BULLETINS.	MONTANT DE CHAQUE BULLETIN.							OBSERVATIONS.
	à l'habillement.	au grand équipement.	à la coiffure.	à l'armement et aux munitions.	au harnachement.	au campement.	chez l'habitant ou à la literie.	
TOTAUX..								

CERTIFIÉ par le commandant de

2 pages. A , le 183 .

comptabilité.

CHAPITRE VIII

§ 3. — Perles résultant de cas de force majeure.

DATES DES PROCÈS-VERBAUX.	NOMS GRADES ET QUALITÉS des signataires.	INDICATION SOMMAIRE des causes qui ont amené la perte des objets ou denrées. ÉNONCÉ du nombre et de la nature des denrées ou objets perdus.	VALEUR DES DENRÉES ou objets perdus.
		TOTAL....	

Certifié par le commandant de

A , le 183 .

2 pages.

CHAPITRE IX

Cahier d'enregistrement journalier.

CHAPI

Cahier d'enregistre

EFFETS REÇUS   § 1ᵉʳ. — *Habil*

DATES.	DÉTAIL DES EFFETS REÇUS.

COLLATIONNÉ :

L'Officier d'habillement,

CERTIFIÉ par

A

I page.

TRE IX

ment journalier.

lement.   EFFETS VERSÉS

DATES.	DÉTAIL DES EFFETS VERSÉS.

le commandant de

, le

183 .

CHAPI

§ 2. — *Grand*

EFFETS REÇUS.

TRE IX

équipement).

EFFETS VERSÉS.

DATES.	DÉTAIL DES EFFETS REÇUS.

DATES.	DÉTAIL DES EFFETS VERSÉS.

COLLATIONNÉ :

L'Officier d'habillement,

1 page.

CERTIFIÉ par

A

le commandant de

, le   18   .

CHAPI

§ 3. — *Petit*

EFFETS REÇUS

DATES.	DÉTAIL DES EFFETS REÇUS.

COLLATIONNÉ :

L'Officier d'habillement,

Certifié par

A

TRE IX

équipement.

EFFETS VERSÉS

DATES.	DÉTAIL DES EFFETS VERSÉS.

le commandant de

, le   183 .

CHAPI

§ 1. — *Cam*

EFFETS REÇUS.

DATES.	DÉTAIL DES EFFETS REÇUS.

COLLATIONNÉ :

L'O ˢcier d'habillement.

CERTIFIÉ par

A

1 page.

TRE IX

pément.

EFFETS VERSÉS.

DATES.	DÉTAIL DES EFFETS VERSÉS.

le commandant de

le   18

CHAPI

§ 5. — Armement

ARMES ET MUNITIONS REÇUES

DATES.	DÉTAIL DES ARMES ET MUNITIONS REÇUES.

COLLATIONNÉ :

L'Officier d'habillement,

CERTIFIÉ par

A

1 page.

TRE IX

et munitions.

ARMES ET MUNITIONS VERSÉES

DATES.	DÉTAIL DES ARMES ET MUNITIONS VERSÉES.

le commandant de

, le   18   .

CHAPI

§ 6. — *Har*

EFFETS REÇUS.

DATES.	DÉTAIL DES EFFETS REÇUS.

COLLATIONNÉ :

L'O ficier d'habillement,

CERTIFIÉ par

A

1 page.

TRE IX

nachement.

EFFETS VERSÉS.

DATES.	DÉTAIL DES EFFETS VERSÉS.

le commandant de

, 18

188

CHAPI

§ 7. — *Matériel*

MATÉRIEL REÇU

DATES.	DÉTAIL DU MATÉRIEL REÇU.

TRE IX

des équipages.

MATÉRIEL VERSÉ

DATES.	DÉTAIL DU MATÉRIEL VERSÉ.

COLLATIONNÉ :

L'Officier d'habillement,

1 page.

CERTIFIÉ par

A

le commandant de

, le .... 183 .

Comptabilité.

CHAPI

§ 8. — *Matériel*

MATÉRIEL REÇU.

DATES.	DÉTAIL DU MATÉRIEL REÇU.

COLLATIONNÉ :

L'Officier d'habillement,

CERTIFIÉ par

A

1 page.

TRE IX

de télégraphie.

MATÉRIEL VERSÉ.

DATES.	DÉTAIL DU MATÉRIEL VERSÉ.

le commandant de

, le

188

CHAPI

§ 9. — *Outils du génie et matériel*

OUTILS ET MATÉRIEL REÇUS

DATES.	DÉTAIL DES OUTILS ET DU MATÉRIEL REÇUS.

COLLATIONNÉ :

L'Officier d'habillement,

CERTIFIÉ par

A

1 page.

TRE IX

pour la destruction des chemins de fer.

OUTILS ET MATÉRIEL VERSÉS

DATES.	DÉTAIL DES OUTILS ET DU MATÉRIEL VERSÉS.

le commandant de

, le

183

CHAPITRE X

Notes et renseignements divers qui ne pourraient trouver place dans les tableaux précédents.

Certifié par le commandant de l

A , le 188

3 ou 4 pages.

Application du décret
du 21 avril 1881.

Modèle n° 2.

ARMÉE D

Corps

Division d

RÉGIMENT d

REGISTRE

D'EFFECTIF & DES DISTRIBUTIONS

du   188   au   188 .

| | OFFICIERS. | | | | | | TROUPE. | | | | | | | | | | | | | CHEVAUX | | MUTATIONS SOMMAI | | PERCEPTION DES PRESTATIONS EN NATURE A TITRE GR |

OFFICIERS. — PRÉSENTS. : Etat-Major, Capitaines, Lieutenants, Sous-Lieutenants, Absens, EFFECTIF.

TROUPE. — PRÉSENTS. : Etat-Major et section hors rang, Adjudans, Sergens-Majors, Sergens et sergens-four^s, Caporaux-four^s, Caporaux, Tambours et clairons, Soldats (de 1re classe), (du 2e classe), Total., Absens., EFFECTIF.

CHEVAUX — de selle. : Présens, Absens, EFFECTIF. — de trait ou mulets. : Présens, Absens, EFFECTIF.

MUTATIONS SOMMAI^{res} : HOMMES., CHEVAUX.

PERCEPTION DES PRESTATIONS EN NATURE A TITRE GR — VIVRES ET LIQUIDES. : Pain, Biscuit, Viande fraîche, Viande de con^{ve}, Lard, Riz, Légumes secs, Sel, Vin, Eau-de-vie, Sucre et café. — CHAUFFAGE : Charbon de bois, de terre., Fagots. — FOURRAGES : Foin, Paille, Orge ou avoine, Paille de couchage, Nom. litres

SITUATION AU   183 .

Etat-major et section H. P.																																								
1re bat. { 1re comp..																																								
2e id....																																								
3^e id....																																								
4^e id....																																								
TOTAUX....																																								
2^e bat. { 1re comp..																																								
2^e id....																																								
3^e id....																																								
4^e id....																																								
TOTAUX....																																								
3^e bat., id.																																								
TOTAUX....																																								
4^e bat., id.																																								
TOTAUX....																																								
TOTAL E. M. et S. H. R....																																								
Total du 1er bat.																																								
— du 2e id.																																								
— du 3e id.																																								
— du 4e id.																																								
TOTAUX génér.																							TOTAUX..																		

RATUIT			OBSERVATIONS.	DATES DES DISTRIBUTIONS.	NOMBRE DE JOURS qu'elles concernent.	VIVRES ET LIQUIDES.												FOUR-RAGES.			CHAUF-FAGE.			NOURRITURE chez l'habitant. (officiers.)					OBSERVATIONS.
J. urn. chez l'habitant.						Pain.	Biscuit.	Viande fraîche.	Viande de conserve.	Lard.	Riz.	Légumes secs.	conserves (d'officiers.) (la troupe.)	Sel.	Vin.	Eau-de-Vie.	Sucre et café.	Foin.	Paille.	Orge ou avoine.	Bois.	char bon (de terre.) (de bois.)	Fagots.	1½ journ. Journées.				
				TOTAUX....																								

Application du décret
du 21 avril 1881.

—

Modèle n° 3.

ARMÉE DE

___

* Corps

___

* Division

___

REGISTRE D'EFFECTIF

Tenu par le Sous-Intendant Militaire

du　　　*au*　　　　188 .

———◆◆◆◆———

Cadre de justification : 33;21.

DATES des SITUATIONS.	OFFICIERS.			TROUPE.			CHEV. DE SELLE.			CHEV. DE TRAIT OU MULETS.		
	Présents.	Absents.	Effectif.	Présents.	Absents.	Effectif.	Présents.	Absents.	Effectif.	Présents.	Absents.	Effectif.

RÉGI

MENT

CAUSES SOMMAIRES DES VARIATIONS DE L'EFFECTIF

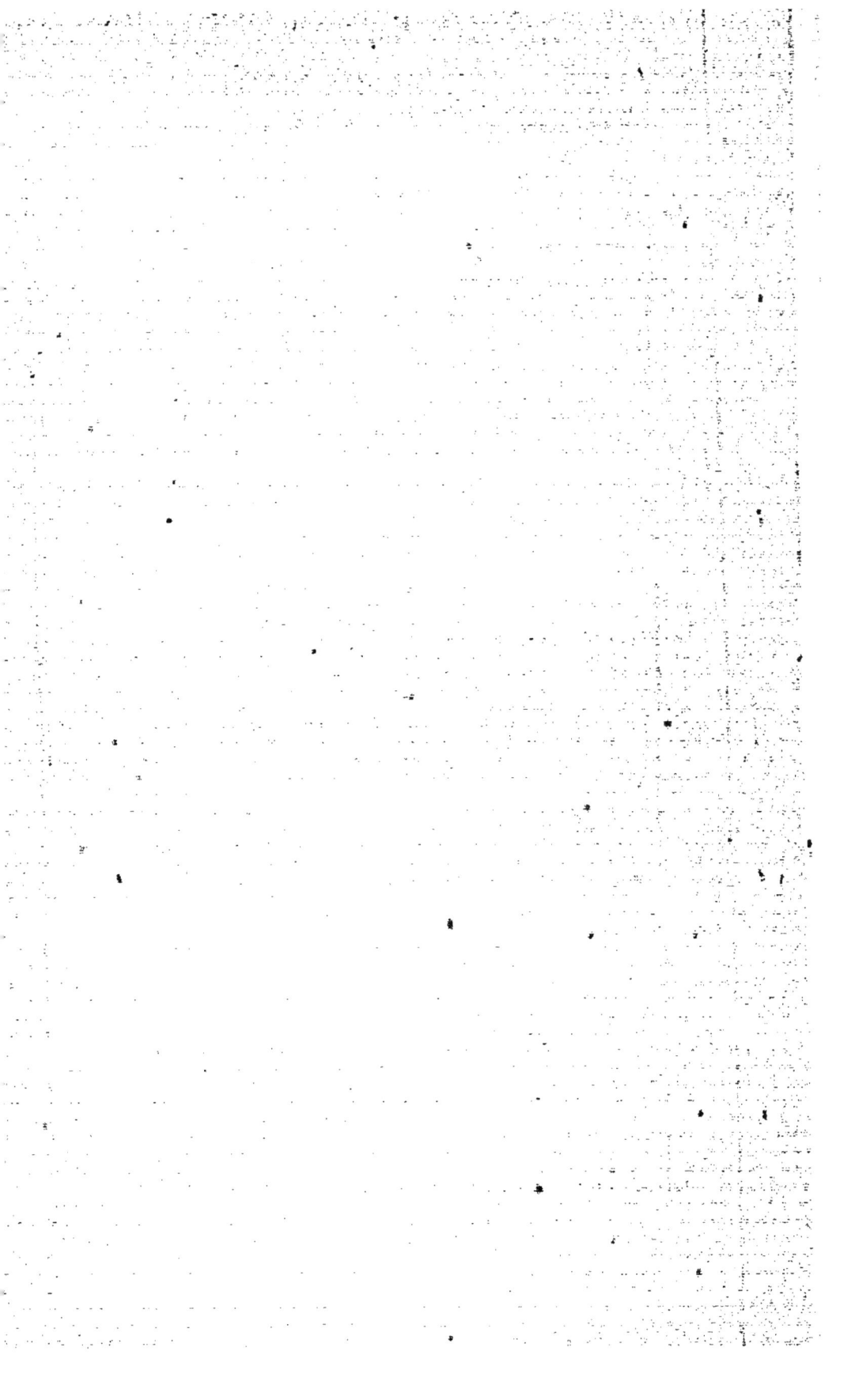

TRIMESTRE.

—

SERVICE

de (1)

(1) Indiquer le ser-
vice.

Application du décret
du 24 avril 1884.

MODÈLE N° 4.

RÉGIMENT

—

ÉTAT RÉCAPITULATIF des extraits de procès-verbaux de pertes et mise hors de service du matériel du service de (1)
établis pour le   • trimestre 188 ,
en exécution des prescriptions contenues
dans l'instruction du 24 avril 1884, sur
l'administration et la comptabilité des corps
de troupe en campagne.

Cadre de justification : 18,24.

COMPAGNIES ESCADRONS OU BATTERIES que les pertes concernent.	DATES DES PROCÈS-VERBAUX.	LIEUX OU LES PROCÈS-VERBAUX ont été établis.	CAUSES DES PERTES.	NOMS GRADES ET QUALITÉS des signataires des procès-verbaux.	INDICATION DES EFFETS PERDUS OU DÉTÉRIORÉS.										Observations.

VÉRIFIÉ :

Le Major,

ARRÊTÉ par nous, membres du conseil d'administration central, le présent état, aux quantités de :

1°
2°
3°
4°
5°

A   , le   183 .

CERTIFIÉ conforme aux inscriptions faites aux carnets de comptabilité du • trimestre 183 .

A   , le   183 .

. L'Oficier chef du bureau spécial de comptabilité,

VU   VÉRIFIÉ :

Le Sous-Intendant militaire,

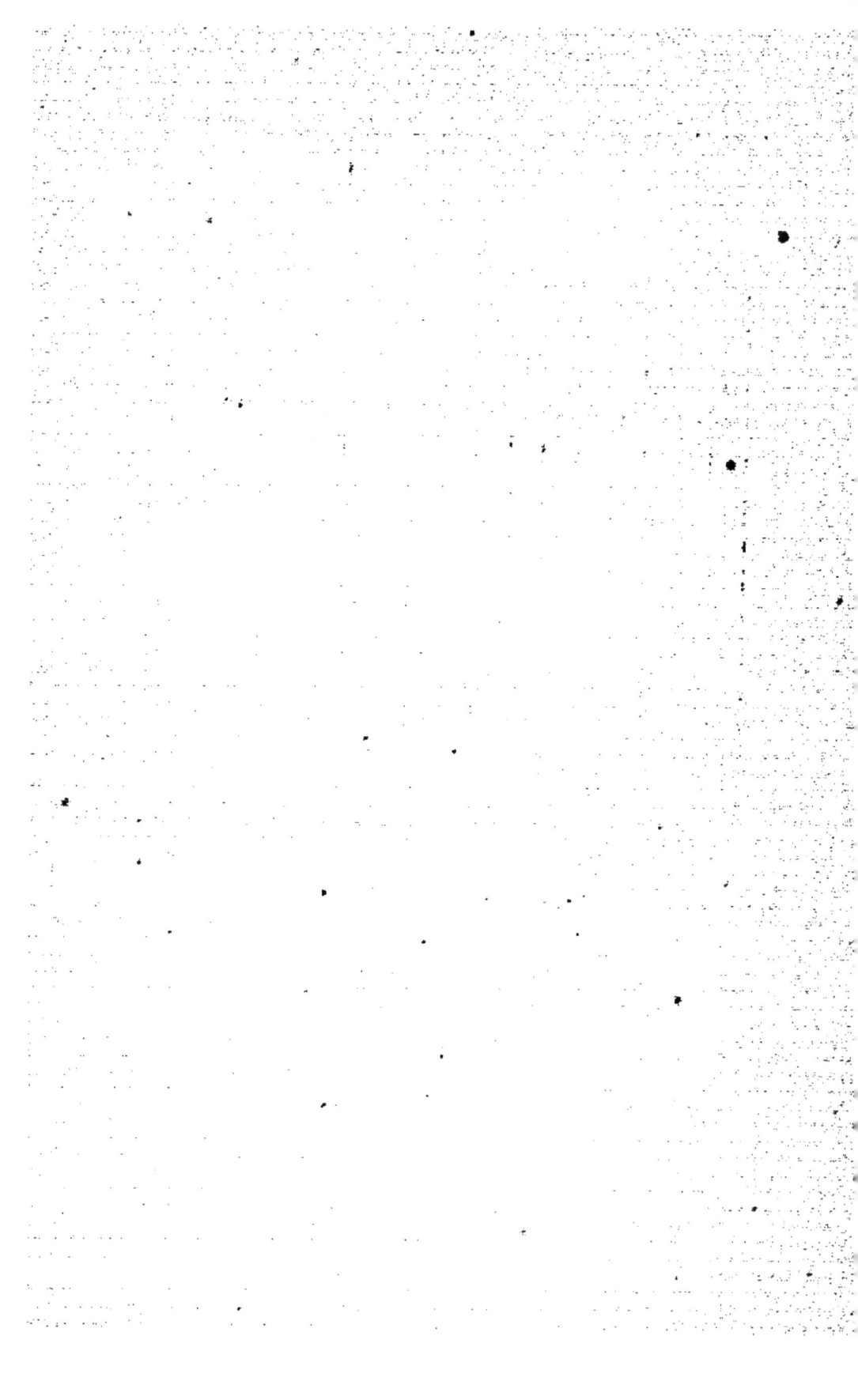

° RÉGIMENT

Application du décret
du 24 avril 1884.

—

Modèle N° 5.

MOIS DE

Désigner la portion {
du corps.

Etat d'effectif et de mutations du
au   188 .

	Présents.	Absents.	Effectif.
Officiers...............................			
Troupe.................................			
Chevaux { de selle...........			
de trait ou mulets..			

MUTATIONS.

INDICA- TION { des bataillons.	des compagnies.	NUMÉROS au contrôle trimestriel.	NOMS.	GRADES CLASSES ET EMPLOIS	MUTATIONS et MOUVEMENTS.
					Hommes.

Cadre de justification : Papier dit écolier

INDICA-TION		NUMÉROS au contrôle trimestriel.	NOMS.	GRADES CLASSES ET EMPLOI	MUTATIONS et MOUVEMENTS.
des bataillons.	des compagnies.				
					Chevaux.

Certifié par nous (1)

A   , le   18 .

(1) Désigner le grade ou l'emploi.

COLLATIONNÉ :

*Le Chef du Bureau des Archives
administratives,*

A. D'OTÉMAR.

VU :

Le Sous-Directeur,

L. DE BEAUCOURT.

CERTIFIÉ CONFORME :

Paris, le 15 mai 1884.

*Le Conseiller d'État,
Directeur de la Comptabilité
et du Contentieux de la Guerre,*

E. DE PANAFIEU.

PARIS ET LIMOGES
Imprimerie militaire, Henri CHARLES-LAVAUZELLE.